LE DOCTEUR BAGRÉ

LE DOCTEUR BAGRÉ

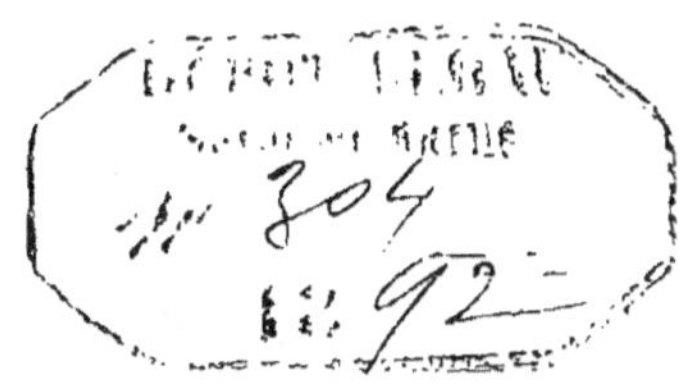

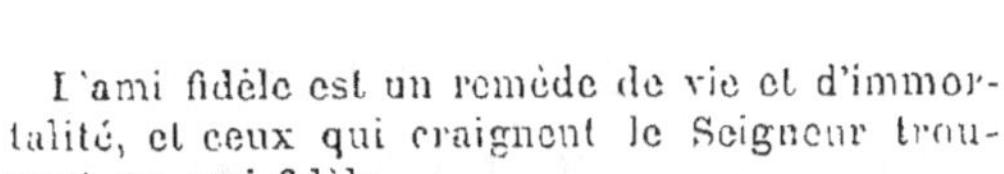

> L'ami fidèle est un remède de vie et d'immortalité, et ceux qui craignent le Seigneur trouvent un ami fidèle.
>
> (*Ecclésiastique*, ch. vi, v. 16.)
>
> Quoiqu'il m'ait été enlevé, il vit et vivra toujours pour moi, car c'est sa vertu que j'ai aimée.
>
> (Cicéron, *Traité de l'amitié*.)

Malgré soi, lorsqu'on avance dans la vie, on songe aux peines et aux soucis qui l'ont éprouvée, mais plus volontiers, on revient aux amitiés qui en ont fait le charme, et au bonheur dont ces douces et confiantes liaisons ont été la source. On dirait que le regard qu'on jette sur le passé le renouvelle, et qu'on recommence à en jouir. Si l'ami vers lequel va ainsi notre cœur a laissé des œuvres qui méritent de survivre, il semble qu'en les rappelant, on les conserve, en même temps qu'on honore la mémoire de l'écrivain.

Le souvenir de M. le Docteur Bagré tombe

ici sous ma plume. Il fait revivre une des affections les meilleures entre celles que j'ai conçues dans le cours de ma vie. Il me devient aujourd'hui plus cher encore, en se liant hélas! à celui de la terre natale.

Nous n'étions plus au lendemain de nos études, et nous les mettions déjà à profit, quand nous avons commencé à nous connaître. Nous avions des goûts communs, l'amour des arts et des lettres. Nous les cultivions en leur donnant les instants dont nous laissait disposer l'exercice de nos professions.

Fils d'un officier supérieur, François-Joseph-Eugène Bagré avait fait d'excellentes études au collège de Nancy. Ces études terminées, il avait hésité entre le droit qui pouvait le conduire aux consulats auxquels il aspirait, et la médecine militaire qui devait lui créer plus facilement et plus tôt une position. C'est cette dernière carrière qui fixa son choix.

La Providence n'avait pas été avare envers lui de ses dons : à une rare et ferme intelligence elle avait joint une imagination très vive, le sentiment de l'art, une grande mémoire, l'amour du travail et une heureuse faculté d'assimilation. Attaché comme médecin aide-major à un régiment de cavalerie qui faisait partie de l'armée que le gouvernement français envoyait en Espagne pour raffermir Ferdinand VII sur son trône, il s'était mis aussitôt à apprendre la langue du pays, et, quand l'année suivante il rentrait en France, il la possédait assez bien pour lire *Don Quichotte* dans le texte original de Cervantes.

Il avait à peine réintégré le sol de la France qu'il s'était étroitement lié avec une famille anglaise et s'était empressé d'étudier la langue qu'elle parlait habituellement. Il avait fait des progrès si rapides qu'il en était bientôt arrivé à parler et à écrire l'anglais comme s'il était né sur les bords de la Tamise; aussi la littérature si riche et si variée de cette langue lui était devenue familière, et il ne lui manquait que les occasions pour tirer parti d'un si précieux acquis.

L'amour du sol natal et celui de la famille le recherchaient également. Il quitta la médecine militaire et vint s'établir à Vic, pour y exercer la médecine civile près de sa mère et de sa sœur, dont il lui coûtait tant d'être séparé.

Le sentiment de l'art, dont la Providence avait doué le Docteur Bagré, il le possédait particulièrement et à un haut degré sous la forme de l'harmonie musicale. Seul et sans maître, il avait appris le violon, le violoncelle et le basson, et faisait merveilleusement sa partie dans un quatuor.

Lui et moi nous avions rencontré à Vic M. l'abbé Marcel. Comme nous, celui-ci aimait les lettres et avait commencé par les cultiver avec succès, puis il les avait enseignées d'une façon aussi brillante qu'utile, au petit séminaire de Pont-à-Mousson. Ce qui l'attirait avant tout c'était l'art oratoire, qui entre pour une si grande part dans l'exercice du ministère sacerdotal. Il voulait aider le prêtre à l'acquérir et, dans ce but, il avait composé un recueil, non pas de morceaux, mais de discours choisis dans les œuvres des orateurs sacrés et dans les monuments de l'éloquence politique dont le parlement de la Grande-Bretagne a enrichi la langue anglaise. Cet ouvrage était comme un complément des programmes pour la classe de rhétorique; c'était un ensemble de modèles que le professeur offrait à la méditation des jeunes gens qui se destinaient au ministère ecclésiastique, au barreau, ou même à la tribune parlementaire. La faveur avait accueilli l'ouvrage de M. l'abbé Marcel. L'auteur l'avait conduit à sa quatrième édition; il en préparait une cinquième. Nous étions, chez nous, au lendemain du procès des ministres du roi Charles X, et les Anglais dans le vif de l'agitation pour la question irlandaise qui nous passionnait comme eux-mêmes. M. l'abbé Marcel se proposait d'insérer dans la nouvelle édition de son ouvrage le plaidoyer que M. de Martignac avait prononcé pour la défense de M. de Polignac devant la Chambre des pairs constituée en cour de justice, le discours que lord Byron avait prononcé à la Chambre des lords sur le Bill des métiers, et les divers discours qu'O'Connell avait fait entendre, soit à la Chambre des communes, soit à des réunions populaires en Angleterre et en Écosse, soit à des meetings tenus en Irlande pour entretenir l'agitation au sujet du rappel de l'Union. Il demanda à un ami de tracer, pour servir d'introduction au discours de M. de Martignac, un tableau sommaire de l'état des esprits au moment où avait été jugé le procès des ministres, et à un autre ami, le Docteur Bagré, de traduire les discours de lord Byron et d'O'Connell.

Le Docteur Bagré était donc chargé, pour répondre à la confiance de M. l'abbé Marcel, de faire un choix parmi les discours que ces deux orateurs avaient prononcés dans le cours de leur carrière politique. Il a mis la main sur les plus beaux, et l'on doit ajouter qu'ils sont en même temps les plus éloquents qui aient été prononcés, à cette époque, soit dans les réunions popu-

laires, soit dans le parlement anglais. Il les a tra-
duits en écrivain qui est en pleine possession
des deux langues, et il les a fait passer de l'une
dans l'autre en amenant le lecteur à croire, par
une heureuse illusion, que les deux orateurs ont
laissé là leur propre langue pour parler dans la
nôtre. Il a soin de préparer la mise en scène de
ces luttes oratoires, et, pour cela, de montrer les
esprits et l'opinion en proie aux agitations vio-
lentes au sein desquelles semblait couver la
guerre civile.

Le Docteur Bagré a été, à son jour, un habile
polémiste. Il a quelquefois écrit dans *l'Impar-
tial de la Meurthe*, tantôt sur les événements de
l'époque, tantôt sur un livre ou une question de
philosophie, des articles qui ont été remarqués
et vivement goûtés par le public. Il y apportait
un style limpide, châtié et piquant. Le trait ne
lui manquait pas; il le décochait lestement;
mais, tout en mettant les rieurs de son côté,
il respectait les convenances et ne blessait per-
sonne.

Maire de Vic, il administra les finances de
cette ville avec autant d'intelligence que d'habi-
leté; il accrut les ressources de son budget. Tous
ses services publics lui ont dû des améliorations
qu'il crut devoir préparer en remontant aux ori-

gines de la cité. Il étudia son histoire avec le soin d'un antiquaire consommé, la science pratique d'un érudit habitué au déchiffrement des chartes et des diplômes, et à l'étude des chroniques.

En 1849, le maire de Vic devint naturellement et par l'assentiment de tout le monde le conseiller général du canton. Quoique l'un des plus jeunes membres de l'assemblée départementale, il y arrivait déjà initié aux affaires par la pratique, et avec une réputation toute faite. Un vote bien près d'être unanime en fit le secrétaire. Il y siégea jusqu'en 1866.

Mais les infirmités le gagnèrent avant le temps ; la locomotion lui devint pénible ; il ne connut plus que de rares intermittences à sa douleur et ne quitta plus son lit. Le chrétien ne vécut plus que pour Dieu ; il se résigna avec une soumission ferme et pieuse à sa volonté. Touchant ainsi à sa fin, il ne m'oublia pas ; sa main tremblante put encore du chevet sur lequel il allait bientôt s'éteindre m'adresser de touchants et affectueux adieux ; les miens y répondirent avec une douloureuse émotion. Je les renouvelle aujourd'hui, mon cher et excellent ami, en essayant d'honorer votre mémoire.

Après un temps si long, je veux, de cette façon,

vous revoir par le cœur et par la pensée. Adieu donc encore une fois. J'espère que le Père de tous ceux qui ont vécu en cherchant à bien faire vous a reçu dans son sein ; priez-le pour qu'il m'aide à vous y rejoindre un jour.

C.-A. Salmon.

FIN

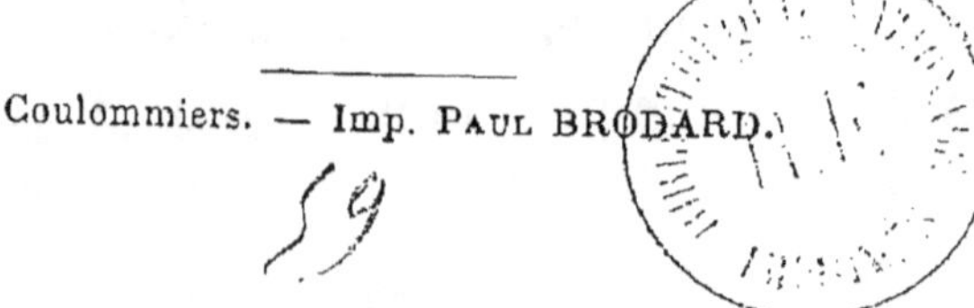

Coulommiers. — Imp. Paul Brodard.